Inhalt

Mit Instandhaltungsmanagement Kosten sparen

Kernthesen

Beitrag

Fallbeispiele

Weiterführende Literatur

Impressum

Mit Instandhaltungsmanagement Kosten sparen

I. Zeilhofer-Ficker

Kernthesen

- Dem Instandhaltungsmanagement wird oft nicht die ihm zukommende Bedeutung als Möglichkeit zum Sparen von Betriebskosten sowie als Mittel zur Sicherung des Unternehmenskapitals zugemessen.
- Moderne Instandhaltungssoftware hilft bei der Bewältigung der vielfältigen Aufgaben des IM.
- Ein Instandhaltungsmanagement basierend auf dem Konzept des TPM (Total Productive Maintenance) berücksichtigt alle wichtigen Faktoren, die zur Reduktion

von Instandhaltungskosten bei gleichzeitiger Steigerung der Instandhaltungsqualität führen.
- Retrofitting als Instandhaltungsmaßnahme spart in der Regel bis zu 80 % Investitionskosten gegenüber dem Austausch einer Maschine durch eine neue.

Beitrag

Modernes Instandhaltungsmanagement

In vielen Firmen wird der Instandhaltung, neudeutsch auch "Maintenance", nicht sehr viel Bedeutung zugemessen. Allemal sieht man sie als ungeliebten Kostenfaktor, den man am liebsten eliminieren würde. Dabei können ungeplante Anlagenausfälle durch falsche Wartungsstrategien immense Kosten verursachen, nicht nur durch den Produktionsausfall an sich, sondern mehr noch durch Konventionalstrafen für verpasste Liefertermine.

Je nach Branche sind bis zu 40 % der laufenden Betriebskosten auf die Instandhaltung zurückzuführen - ein nicht zu vernachlässigender

Faktor in Zeiten sinkender Umsätze und steigender Verluste. (1) Aber deshalb Wartungsintervalle zu verlängern oder ganz auf Wartung zu verzichten spart nur kurzfristig Kosten. Das kann sich aber als teure Fehlstrategie herausstellen, wenn eine Produktionsmaschine mit Schlüsselfunktion ausfällt und die Produktion deshalb still steht.

Instandhaltungsmaßnahmen zielen auf die Sicherung des Unternehmenskapitals ab, indem Maschinenausfälle verhindert und technische Schwachstellen in der Fertigung erkannt und beseitigt werden.

Jeder Produktionsbetrieb sollte sich die Frage stellen, ob die Instandhaltung seines Anlagenparks zu den Kernfunktionen zählt, die von firmeninternem Personal ausgeführt werden müssen. Denn oft erweist es sich als kostengünstiger und effektiver, die gesamte Aufgabe Wartung und Instandhaltung an einen kompetenten Geschäftspartner auszulagern. (4)

Es sind jedenfalls moderne, ganzheitliche Instandhaltungskonzepte und -strategien gefragt, die die Anlageneffektivität und -verfügbarkeit zu wirtschaftlich vertretbaren Kosten erhalten oder sogar steigern können. Vor allem die Berücksichtigung der folgenden Punkte sind für ein modernes Instandhaltungsmanagement strategisch von großer Bedeutung.

Ohne entsprechende Softwareunterstützung in Form eines Instandhaltungsmanagementsystems (IMS) oder Instandhaltungsplanungs- und -steuerungssystems (IPS) können die vielfältigen Aufgaben der "Maintenance" kaum noch durchgeführt werden. Das fortschrittliche IM schätzt außerdem die Möglichkeiten von Webtechnologien sowie von drahtlosen Übertragungstechniken.

Als Konzept der Zukunft gilt die TPM (Total Productive Maintenance), die die Instandhaltungsaufgabe aus einem ganzheitlichen Blickwinkel betrachtet, d. h. alle beteiligten Personen, Prozesse und Abläufe werden analysiert und involviert.

Schließlich hat sich das Retrofitting, das Modernisieren alter Maschinen, als Lösung herauskristallisiert, mit der eine Produktivitätssteigerung alter Anlagen zu einem Bruchteil der Investitionskosten einer Neuanschaffung zu erzielen ist.

IMS und IPS - elektronische Hilfe

für das Instandhaltungsmanagement

Für ein effektives Instandhaltungsmanagement braucht es erst einmal jede Menge von Daten. Welche Maschinen sind zu betreuen, wie alt sind sie, welche Leistung erbringen sie und wie oft sind sie im Einsatz. Äußerst wichtig sind auch Informationen aus der Maschinenhistorie über durchgeführte Wartungs- und Reparaturmaßnahmen, ersetzte Bauteile und dem Einsatz von Verbrauchsmaterialien, wie beispielsweise Schmiermittel. Arbeitsaufträge müssen erfasst, dokumentiert und abgerechnet und der Einsatz von Personal und Hilfsmitteln geplant werden. (2)

Ein leistungsfähiges IMS- (Instandhaltungsmanagementsystem) oder IPS (Instandhaltungsplanungs- und -steuerungssystem) muss also die Aufgaben der Störungsdokumentation und -analyse mit der Instandhaltungsauftragsplanung und -bearbeitung verbinden. Eine Schlüsselfunktion kommt hier den Schnittstellen zur Betriebs-EDV, speziell dem Betriebsdatenerfassungssystem, dem Qualitätsmanagement und der Lagerhaltung von Ersatzteilen zu. (2), (3)

Analysiert man zum Beispiel wann und wie oft eine Maschine ausfällt und vergleicht welche Bauteile die Störungen verursachen, erhält man wichtige Hinweise auf technische Schwachstellen sowie auf optimale Wartungsintervalle. Der Personalstand kann nach Bedarf geplant werden und es wird schnell ersichtlich, ob in manchen Schichten nicht auch ein Bereitschaftsdienst die kostengünstigere Alternative zum ständig verfügbaren Monteur darstellt. Das verfügbare Maschinenlogbuch kann Hinweise darauf geben, ob diese den technischen Anforderungen (noch) genügt, oder ob sie überholt oder gar ausgetauscht werden sollte. (3)

Internet- und Drahtlostechniken

Heutige Internet- und Drahtlostechniken haben die üblichen Wartungs- und Reparaturabläufe revolutioniert. Wenn früher eine Maschine ausfiel, wusste der gerufene Servicetechniker kaum etwas über die Art der Störung, bevor er die Maschine nicht auseinander genommen hatte. War die Störungsursache erst einmal herausgefunden, fehlte oft das notwendige Ersatzteil. Stunden- oder tagelange Maschinenausfälle waren an der Tagesordnung.

Mithilfe von kabellosen Übertragungstechniken kann eine Anlage auch unter schwierigsten Bedingungen kontinuierlich überwacht und analysiert werden. Wird eine Störung registriert, geht eine automatische Störungsmeldung an den Techniker, der diese oft schon innerhalb von wenigen Sekunden auf seinem Handy erhält. Über das Internet können Maschinen- und Störungsdaten abgerufen werden, oft sogar über Web-Kameras der Maschinenzustand analysiert werden. Diese Ferndiagnose stellt sicher, dass benötigte Ersatzteile für die Reparatur verfügbar sind. Einfache Fehler lassen sich häufig sogar nach Fernanweisung vom Maschinenbediener selbst beseitigen. Viele Störungen sind so in kürzester Zeit zu geringst möglichen Kosten zu beheben. (1), (5)

Die Fernüberwachung hilft auch, Wartungsmaßnahmen dem Zustand der Maschine anzupassen. Wurden Verschleißteile wie beispielsweise Dichtungen früher entweder in regelmäßigen Zeitabständen automatisch ausgetauscht, oder erst nachdem die Dichtung ausgefallen war, kann man heute durch kontinuierliche Überwachung feststellen, wann der optimale Zeitpunkt zum Austausch erreicht ist, weil Ermüdungserscheinungen feststellbar sind. Gleiches gilt natürlich für Justierungs- und Kalibrierungsmaßnahmen, die nur noch durchgeführt werden, wenn an den produzierten Teilen

Abweichungen zur Norm festgestellt werden. (6)

Total Productive Maintenance - das ganzheitliche Instandhaltungskonzept

Durch konsequente Umsetzung des TPM- (Total Productive Maintenance) Konzepts kann die fast störungsfreie Produktion erreicht werden. Die Instandhaltungsqualität wird gesteigert, die Instandhaltungskosten reduziert und die Mitarbeiter- und Kundenzufriedenheit erhöht. Für die Implementierung von TPM sind die folgenden Schritte notwendig. (2)

Durch die systematische **Dokumentation von Störungen** können anfällige Bauteile identifiziert und Schwachstellen beseitigt werden. Die sorgfältige Analyse von Störungsursachen hilft, das Wiederauftreten einer Störung zu verhindern. (2)

Durch die detaillierte Analyse und kontinuierliche Überwachung von **Betriebsdaten** werden zustandsabhängige Wartungszyklen entwickelt. Ein kritischer Blick auf den Vergleich von Kosten und Nutzen von 24-Stunden-Technikerbereitschaften ist angebracht, denn oft ist den anfordernden Abteilungen nicht bewusst, welche Kosten sie durch diese Erwartung tatsächlich verursachen. Eine interne Belastung der entsprechenden Abteilungen mit diesen Kosten ist zur Sensibilisierung anzuraten. (2)

Produktionsmitarbeiter

, im Idealfall im Team, sind autonom für ihre Maschinen **verantwortlich**. Die Produktionsmitarbeiter werden dahingehend geschult, dass Standardwartungsaufgaben vom Maschinenbediener selbst durchgeführt, und kleinere Störungen evtl. unter Fernanweisung eines Technikers selbst beseitigt werden können. Die Fertigungsmitarbeiter übernehmen auch die sofortige Störungsmeldung und die Dokumentation im IPS oder IMS. (2)

Das **IPS/IMS** hilft bei der Determinierung von idealen Wartungszyklen, es unterstützt die Einsatzplanung von Personal und Hilfsmitteln. Die Reparatur- und Wartungsauftragsabwicklung erfolgt über das IPS/IMS ebenso, wie die Verrechnung der dadurch entstehenden Kosten. (2)

Essentiell für den Erfolg von TPM ist die Entwicklung von aussagefähigen **Kennzahlen** und die Zielsetzung für diese Kennzahlen. Nur so kann kontinuierlich überprüft werden, ob die durchgeführten Maßnahmen greifen und die angestrebte Reduzierung von Störungen und Instandhaltungskosten erreicht wird. (2)

Retrofitting - neuwertige Maschinen zu kleinem Preis

In zahlreichen Betrieben stehen Maschinen, die wegen des rasanten technologischen Fortschrittes nicht mehr den heutigen Anforderungen an Leistung und Qualität entsprechen. Zum kompletten Austausch dieser Maschinen gibt es oft die Alternative, sie über Retrofitting, also die Generalüberholung und Aufrüstung, wieder wettbewerbsfähig zu machen. Oft ist nur der Austausch einer veralteten Steuerung und das Auswechseln von Verschleißteilen zur erheblichen Produktivitätssteigerung notwendig. (7), (8)

Die Entscheidung pro oder kontra Retrofitting sollte sowohl vom Zustand der Maschine als auch vom Neupreis einer Ersatzmaschine abhängig gemacht werden. Mehr als 30 Prozent des Kaufpreises einer neuen Maschine sollte die Retrofitting-Maßnahme nicht kosten. Der Maschinen-Neupreis sollte über 150 000 Euro liegen. Außerdem muss die Maschine anschließend noch mindestens 5 Jahre einsetzbar bleiben und ein Produktionsergebnis wie eine neue Maschine liefern können. (9), (10)

Wenn diese Voraussetzungen erfüllt sind, kann Retrofitting durchaus die richtige Entscheidung sein, um das Firmenkapital langfristig zu erhalten und die Stückkosten zu reduzieren.

Fallbeispiele

Anbieter von IPS-Systemen, Drahtlos- und Webtechniken

Die folgenden Firmen haben moderne, leistungsfähige IPS Systeme im Angebot: Datastream (Datastream 7i), SLT (INPLAST), Gesellschaft für Technische Informationssysteme mbH (Basis Microsoft Business Solutions), ISOware GmbH (sip(strategische Instandhaltung von Produktionsanlagen)), MRO

(Maximo), All for one (mySAP.com), PSIPENTA (PSIPENTA), IFS (IFS Applications). (3), (12)

Lösungen zur drahtlosen Anbindung von Daten und Internet bieten beispielsweise: RM Michaelis GmbH, Fulda, Jay Electronique, Bühler Mess- und Regeltechnik GmbH, Ratingen, Dolch Computer Systems, GmbH, Ottobrunn, ABB Stoltz-Kontakt GmbH, Heidelberg sowie Siemens I&S. (1), (5)

TPM in der Praxis

Schon seit 1997 wird TPM bei der Wavin GmbH im Werk Twist praktiziert. Zwischenzeitlich konnte die Anzahl der Störfälle von 800 auf durchschnittlich 20 reduziert werden. Gleichzeitig wurden die Instandhaltungskosten wesentlich reduziert. (2)

Als Sieger des Wettbewerbs "TOP in Maintenance 2002" wurden ausgezeichnet die Varta Gerätebatterie GmbH, Dischingen für die komplette Umsetzung von TPM in nur zwei Jahren, die Firma OMG Technical Materials sowie die Firma Carl Zeiss, Oberkochen. (11)

Buchtipp: C. Troy: Moderne Instandhaltung TPM - Total Productive Maintenance, 132 Seiten, 25 Euro

(13)

Beispiele für erfolgreiches Retrofitting

Die Salzgitter Automotive Engineering GmbH & Co. KG, Osnabrück konnte durch die Aufrüstung von Produktionsmaschinen mit neuen Fidia-Steuerungen sowie durch Software-Tuning die Produktivität um ca. 40 Prozent steigern. (7)

Die Reinhold Hepp Automatendreherei, Oggelshausen hat in den letzten Jahren bereits 8 Maschinen überholen lassen. Die Retrofit-Aufträge wurden von der Firma W. Ulmer CNC-Service & Programmier GmbH durchgeführt. Der Anteil von Neuteilen nach der Modernisierung betrug dann zwischen 70 und 90 Prozent. (8)

Die Aerzener Maschinenfabrik bezahlte für die Generalüberholung einer Mikron UMC 900 nur etwa 20 Prozent des Neupreises. Der Auftrag wurde von dem Retrofit-Spezialisten Aro-Tec, Rheda-Wiedenbrück durchgeführt. (9)

Die Firma Num Güttinger GmbH hat sich sehr gründlich mit dem Thema Retrofit beschäftigt - bei der Entwicklung von Num Steuerungen wird vor allem auf die Austauschbarkeit geachtet. So ist die modernste Steuerung Num Power 1760 in Hinblick auf Montage und Platzbedarf 100 Prozent kompatibel mit den alten CNC-Steuerungen Num 750 und 760. (10)

Bei der Firma Berstorff GmbH, Hannover wurde eine aus dem Jahr 1974 stammende Wohlenberg-Spitzendrehbank komplett modernisiert. Die Hellwig Elektrotechnik GmbH, Herford erneuerte nicht nur abgenützte und defekte Teile, sondern auch ein komplett neuer Schaltschrank mit Bedienpult wurde angeschlossen. Eine moderne CNC-Steuerung sorgt für schnellere Verarbeitung sowie höhere Fertigungssicherheit. Schließlich sorgt eine automatische Schmiervorrichtung dafür, dass die Antriebsmotoren nicht mehr gewartet werden müssen. (14)

Weiterführende Literatur

(1) Scharf, Achim / Möller, Werner, Fernservice via Internet spart Geld und Zeit - Maschinen über den eigenen Web-Browser warten, Industrieanzeiger, Heft 14, 2003, S. 76
aus QZ - Qualit&auml;t und Zuverl&auml;ssigkeit, Heft 1/2003, S. 6-7

(2) Die Produktion als Kunde - Gegen das Stigma des Kostentreibers: Instandhaltung als Cost-Center
aus QZ - Qualität und Zuverlässigkeit, Heft 3/2003, S. 208-211

(3) Immer einen Schritt voraus - Softwaregestützte Instandhaltung für produzierende Unternehmen, Industrie Service, Heft 1/2, 2003, S. 18
aus QZ - Qualität und Zuverlässigkeit, Heft 3/2003, S. 208-211

(4) Budget statt Stundenhonorar - Dienstleister bietet Planungssicherheit in der Instandhaltung, Verfahrenstechnik, Heft 4, 2003, S. 66
aus QZ - Qualität und Zuverlässigkeit, Heft 3/2003, S. 208-211

(5) Mölleria, Werner, Drahtlostechniken: Nicht nur Kabelkosten lassen sich einsparen - Markt und Angebot expandieren, Industrieanzeiger, Heft 18, 2003, S. 38
aus QZ - Qualität und Zuverlässigkeit, Heft 3/2003, S. 208-211

(6) Vom Großanlagenbau bis zur Mikroreaktionstechnik, Neuheiten und Trends auf der diesjährigen ACHEMA
aus Erdöl Erdgas Kohle, Heft 5/2003, S. 200-207

(7) Mehr Effektivität bei kalkulierbaren Kosten - Salzgitter Automotive Engineering setzt bei Retrofit auf Steuerung von Fidia

aus fertigung, Heft 3-4/2003, S. 16-17

(8) Noch lange nicht zum alten Eisen - Reinhold Hepp setzt auf generalüberholte Maschinen von W. Ulmer
aus fertigung, Heft 3-4/2003, S. 20-21

(9) Effizient arbeiten und dabei Geld sparen - Die Aerzener Maschinenfabrik setzt beim Retrofit auf Aro-tec
aus fertigung, Heft 3-4/2003, S. 25-26

(10) Authier, Pascal, Retrofitting - wo, wann und weshalb, mav maschinen anlagen verfahren, Heft 4, 2003, S. 24
aus fertigung, Heft 3-4/2003, S. 25-26

(11) Über TPM und ZIW - Die Ergebnisse des TPM-Wettbewerbs 2002
aus Instandhaltung, Heft 1/2003, S. 14-15

(12) Softwarecheck - Auf Herz und Nieren
aus Instandhaltung, Heft 1/2003, S. 6

(13) Produktivität steigern in mittelständischen Unternehmen, Industrieanzeiger, Heft 13, S. 40
aus Instandhaltung, Heft 1/2003, S. 6

(14) Neues Leben für altes Arbeitspferd - Berstorff ließ bei Hellwig eine Spitzendrehmaschine auf den neuesten Stand der Technik bringen
aus fertigung, Heft 3-4/2003, S. 12-14

Impressum

Mit Instandhaltungsmanagement Kosten sparen

Bibliografische Information der deutschen Nationalbibliothek

Die Deutsche Nationalbibliothek verzeichnet diese Publikation in der deutschen Nationalbibliografie; detaillierte bibliografische Daten sind im Internet über http://dnb.d-nb.de abrufbar.

ISBN: 978-3-7379-1023-1

© 2015 GBI-Genios Deutsche Wirtschaftsdatenbank GmbH, Freischützstraße 96, 81927 München, www.genios.de

Alle Rechte vorbehalten. Dieses Werk ist einschließlich aller seiner Teile – z.B. Texte, Tabellen und Grafiken - urheberrechtlich geschützt. Jede Verwertung außerhalb der Grenzen des Urheberrechtsgesetzes bedarf der vorherigen Zustimmung des Verlags. Dies gilt insbesondere auch für auszugsweise Nachdrucke, fotomechanische Vervielfältigungen (Fotokopie/Mikroskopie), Übersetzungen, Auswertungen durch Datenbanken oder ähnliche Einrichtungen und die Einspeicherung und Verarbeitung in elektronischen Systemen.